Novena
NIÑO FIDENCIO

Por Laila Pita

© Calli Casa Editorial, 2012
© Yhacar Trust, 2021

Todos los derechos registrados. Prohibida la reproducción total o parcial de esta obra en todo su contenido: texto, dibujos, ideas e ilustraciones de portada, sin autorización por escrito.

www.solonovenas.com
#2500-628

UN POCO DE HISTORIA

El Niño Fidencio, cuyo nombre completo fue José de Jesús Fidencio Constantino Sínfora. Aprendió a realizar curaciones con su amigo de la infancia y futuro protector Enrique López de la Fuente. En 1912 se trasladó a Morelia, Michoacán donde trabajó como pinche, más tarde partió a Loma Sola, Coahuila, donde vivió con su hermana. Fidencio no se desarrolló sexualmente, siempre fue lampiño, de voz aguda y nunca tuvo relaciones sexuales. Al regreso de su amigo Enrique López de la Fuente a Espinazo después de andar en la revolución, fue a vivir con él para ayudarle a cuidar a sus hijos, permaneció ahí el resto de su vida. Fue entonces cuando comenzó a realizar curaciones. Se dice que el entonces presidente Plutarco Elías Calles, visitó Espinazo para una sesión curativa con el Niño Fidencio, a causa de un padecimiento de lepra nodular. Una multitud de imitadores e impostores apareció. Uno de ellos se hizo pasar por él y fingió su muerte. El supuesto funeral motivó una multitudinaria asistencia. Fidencio murió un poco más de un año después. La población de Espinazo es visitada por miles de turistas por la fama de las curaciones del Niño Fidencio.

MILAGRO

Un hombre sufría dispepsia crónica. Después de consultar numerosos médicos fue operado sin éxito alguno. No parecía tener esperanzas y creían que moriría, debido a su crítica condición. La esposa lo llevó con el Niño Fidencio a Espinazo, después de terminar el masaje dejó un racimo de plátanos, el enfermo pidió, la esposa asustada dijo que le hacían daño, en dos horas había comido cuatro, para vomitarlos más tarde. Al día siguiente continuó el masaje y untó una pomada de frutas, el cuarto día su estómago empezó a funcionar mejor y se sintió tan bien que pudo caminar por primera vez en meses.

ORACIÓN DIARIA

Niño Fidencio dame la sanación, con tus remedios de liberación. Cura mi cuerpo y mi alma con tu pomada, llena mi espíritu de santa calma con tu llegada. Con frutas tus remedios son la curación. De ayudar a todos tienes la intención. Médico Santo sólo échame una mirada, para que mi alma siempre esté de energía cargada. Envuelve de alegría mi habitación, con un ramo de flores en el rincón y con tu luz iluminada, no me olvides y atiende mi llamada. Tus grandes dones me llenan de admiración.

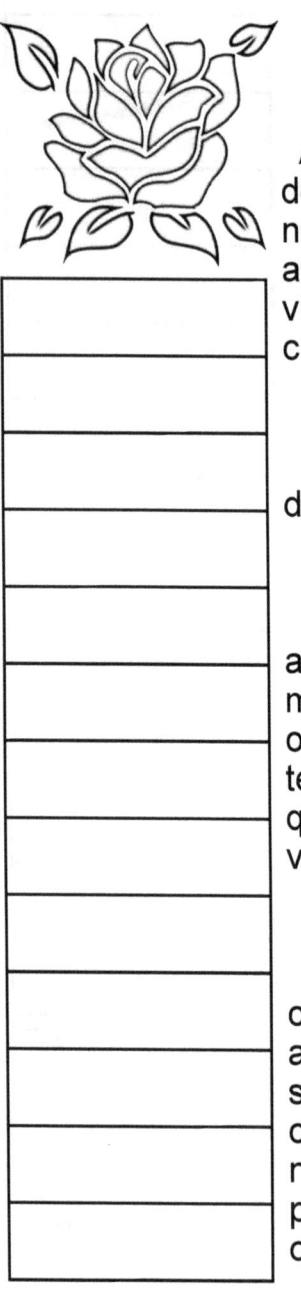

HAGA SU PETICIÓN

Aquí estoy hincado a tus pies. Con la luz de tus quinqués que no tienen comparación alumbra a este humilde feligrés que viene a hacerte esta petición.

Te ruego con todo mi corazón me concedas... (Se hace la petición)

Esto es un asunto de interés te suplico tu atención me des. Concédeme lo que te pido en esta ocasión y con tu divina protección me ayudes, para que seas tú siempre mi salvación.

Padre Nuestro, que estás en el cielo, santificado sea tu nombre; venga a nosotros tu reino; hágase tu voluntad, en la tierra como en el cielo. Danos hoy nuestro pan de cada día; perdona nuestras ofensas, como también nosotros

perdonamos a los que nos ofenden; no nos dejes caer en la tentación, y líbranos del mal. Amén.

Dios te salve, María, llena eres de gracia, el Señor es contigo. Bendita tú eres entre todas las mujeres, y bendito es el fruto de tu vientre: Jesús. Santa María, Madre de Dios, ruega por nosotros, pecadores, ahora y en la hora de nuestra muerte. Amén.

Gloria al Padre, al Hijo y al Espíritu Santo. Como era en el principio, ahora y siempre, por los siglos de los siglos. Amén.

DÍA PRIMERO

Llena mi cuerpo de satisfacción, con tu bendita protección. Niño Fidencio con tus milagros mi cuerpo sana. Agradecido te bendigo por la mañana. Permite que esté relajado sin ninguna tensión. Niño milagroso llega con tus remedios a hora temprana para que mi alma se sienta lozana. Santo Curandero tus medicinas no tienen comparación. Por donde pasas todo llenas de vida y diversión. Bendito Niño Fidencio curar es tu vocación, lo haces con dedicación. Permite que mi cuerpo haga bien su función cotidiana y se sienta rebosante con tu tisana.

Padre Nuestro, que estás en el cielo, santificado sea tu nombre; venga a nosotros tu reino; hágase tu voluntad, en la tierra como en el cielo. Danos hoy nuestro pan de cada día; perdona nuestras ofensas, como también nosotros perdonamos a los que nos ofenden; no nos dejes caer en la tentación, y líbranos del mal. Amén.

Dios te salve, María, llena eres de gracia, el Señor es contigo. Bendita tú eres entre todas las mujeres, y bendito es el fruto de tu vientre: Jesús. Santa María, Madre de Dios, ruega por nosotros, pecadores, ahora y en la hora de nuestra muerte. Amén.

Gloria al Padre, al Hijo y al Espíritu Santo. Como era en el principio, ahora y siempre, por los siglos de los siglos. Amén.

DÍA SEGUNDO

Adorado Niño Fidencio ven y mi frente toca, porque mi mente te invoca. Ayúdame con tu pomada bendita, a revivir mi entusiasmo y sea firme como malaquita y todo en mi vida sea una cosa bonita. Ayúdame para que sea fuerte como roca, la bendición que tú das con nada choca. La inquietud de mi pensamiento quita, déjala fresca como nueva margarita. Con esta novena, la oración habrá de salir de mi boca, para honrarte será poca. Santísimo Mago encantador dame tu medicina exquisita, eternamente será mi favorita, dame de beber tu agua bendita.

Padre Nuestro, que estás en el cielo, santificado sea tu nombre; venga a nosotros tu reino; hágase tu voluntad, en la tierra como en el cielo. Danos hoy nuestro pan de cada día;

perdona nuestras ofensas, como también nosotros perdonamos a los que nos ofenden; no nos dejes caer en la tentación, y líbranos del mal. Amén.

Dios te salve, María, llena eres de gracia, el Señor es contigo. Bendita tú eres entre todas las mujeres, y bendito es el fruto de tu vientre: Jesús. Santa María, Madre de Dios, ruega por nosotros, pecadores, ahora y en la hora de nuestra muerte. Amén.

Gloria al Padre, al Hijo y al Espíritu Santo. Como era en el principio, ahora y siempre, por los siglos de los siglos. Amén.

DÍA TERCERO

Santísimo Niño sanador siempre recibo de ti un gran favor y para verte orar es suficiente, dame de beber el agua sanadora de tu fuente. Vengo a ofrecerte esta novena y a rezarte con fervor, para que des fuerza a mi vista y me ayudes a escuchar mejor. Quiero que el mundo no me sea indiferente y ser feliz entre la gente. Te pido Niño Fidencio que seas mi doctor, porque sé que tú curas con amor. Sé que me escuchas y conmigo estarás eternamente. De vida eres la fuente.

Padre Nuestro, que estás en el cielo, santificado sea tu nombre; venga a nosotros tu reino; hágase tu voluntad, en la tierra como en el cielo. Danos hoy nuestro pan de cada día; perdona nuestras ofensas, como también nosotros perdonamos a los que nos

ofenden; no nos dejes caer en la tentación, y líbranos del mal. Amén.

Dios te salve, María, llena eres de gracia, el Señor es contigo. Bendita tú eres entre todas las mujeres, y bendito es el fruto de tu vientre: Jesús. Santa María, Madre de Dios, ruega por nosotros, pecadores, ahora y en la hora de nuestra muerte. Amén.

Gloria al Padre, al Hijo y al Espíritu Santo. Como era en el principio, ahora y siempre, por los siglos de los siglos. Amén.

DÍA CUARTO

Dame tu pomada de fruto y flor, manténte vigilante a mí alrededor. Niño Señor tienes la gloria ganada. A recibirte en mi corazón la puerta está preparada. Alabado Curandero te ruego mantengas mis órganos internos en perfecta condición con energía y buen humor. Con esta novena que te ofrezco para ganar tu favor. Permite que funcionen en forma perfecta y sincronizada, con tu medicina sagrada y tu poder salvador, que hace a los humanos sentirse mejor. Con tu bendición harán su función en la hora programada.

Padre Nuestro, que estás en el cielo, santificado sea tu nombre; venga a nosotros tu reino; hágase tu voluntad, en la tierra como en el cielo. Danos hoy nuestro pan de cada día; perdona nuestras ofensas, como también nosotros perdonamos a los que nos ofenden; no nos dejes caer en la tentación, y líbranos del mal. Amén.

Dios te salve, María, llena eres de gracia, el Señor es contigo. Bendita tú eres entre todas las mujeres, y bendito es el fruto de tu vientre: Jesús. Santa María, Madre de Dios, ruega por nosotros, pecadores, ahora y en la hora de nuestra muerte. Amén.

Gloria al Padre, al Hijo y al Espíritu Santo. Como era en el principio, ahora y siempre, por los siglos de los siglos. Amén.

DÍA QUINTO

Curandero de mi alma dame el masaje que sana, para poder caminar a tu lado y abrazarte en la mañana. Permite adorado doctor que mis piernas y brazos cada día funcionen mejor. Niño Fidencio ayúdame a mantenerlos fuertes y con ligereza poderlos mover. Plátano, mango, sandía, la fruta que te acompaña y para hacer pomada sólo tú sabes la maña. Sanar mi cuerpo Señor tu siempre has de poder. He traído esta novena para volverte a ver en una hora temprana. Adorado Doctor ha llegado el ruiseñor para entonarte una diana.

Padre Nuestro, que estás en el cielo, santificado sea tu nombre; venga a nosotros tu reino; hágase tu voluntad, en la tierra como en el cielo. Danos hoy nuestro pan de cada día;

perdona nuestras ofensas, como también nosotros perdonamos a los que nos ofenden; no nos dejes caer en la tentación, y líbranos del mal. Amén.

Dios te salve, María, llena eres de gracia, el Señor es contigo. Bendita tú eres entre todas las mujeres, y bendito es el fruto de tu vientre: Jesús. Santa María, Madre de Dios, ruega por nosotros, pecadores, ahora y en la hora de nuestra muerte. Amén.

Gloria al Padre, al Hijo y al Espíritu Santo. Como era en el principio, ahora y siempre, por los siglos de los siglos. Amén.

DÍA SEXTO

Curandero Santo, tu voz de pájaro cantor, alabado seas entrañable Doctor. Vengo a suplicarte por medio de esta novena, con tus remedios mi alma de amor se sienta llena. Te ruego darme tu masaje sanador. Que mi cuerpo siempre esté fuerte y recto como antena, con tu divino favor Niño mi vida será plena. Con tu medicina sagrada lléname de vigor, yo prometo orar ante tu altar con amor. De día y noche sin descanso alivias al que sufre con tu miel de colmena.

Padre Nuestro, que estás en el cielo, santificado sea tu nombre; venga a nosotros tu reino; hágase tu voluntad, en la tierra como en el cielo. Danos hoy nuestro pan de cada día; perdona nuestras ofensas, como también nosotros perdonamos a los que nos

ofenden; no nos dejes caer en la tentación, y líbranos del mal. Amén.

Dios te salve, María, llena eres de gracia, el Señor es contigo. Bendita tú eres entre todas las mujeres, y bendito es el fruto de tu vientre: Jesús. Santa María, Madre de Dios, ruega por nosotros, pecadores, ahora y en la hora de nuestra muerte. Amén.

Gloria al Padre, al Hijo y al Espíritu Santo. Como era en el principio, ahora y siempre, por los siglos de los siglos. Amén.

DÍA SÉPTIMO

Niño Fidencio eres ligero como la espuma del mar, Curandero Santo yo no te he dejado de amar. Santo Niño Fidencio prepara tu instrumental, porque te vengo a rogar mantengas con vigor mis células con tu ungüento natural, úntalas con tu fruta y hazlas renovar. Quiero vivir feliz hasta que llegue el final. Correr como corre el río en su tremendo caudal. Alabado Niño imberbe yo más te voy a adorar y sobre tus milagros al mundo iré a pregonar, porque eres un ser sin igual.

Padre Nuestro, que estás en el cielo, santificado sea tu nombre; venga a nosotros tu reino; hágase tu voluntad, en la tierra como en el cielo. Danos hoy nuestro pan de cada día; perdona nuestras ofensas, como también nosotros perdonamos a los que nos

ofenden; no nos dejes caer en la tentación, y líbranos del mal. Amén.

Dios te salve, María, llena eres de gracia, el Señor es contigo. Bendita tú eres entre todas las mujeres, y bendito es el fruto de tu vientre: Jesús. Santa María, Madre de Dios, ruega por nosotros, pecadores, ahora y en la hora de nuestra muerte. Amén.

Gloria al Padre, al Hijo y al Espíritu Santo. Como era en el principio, ahora y siempre, por los siglos de los siglos. Amén.

DÍA OCTAVO

Bendito Doctor de Doctores curas miles de dolores, para honrarte y alabarte te llenan de flores. Llenas de amor y felicidad la gente, te ruego bendigas a mi doctor y enfermera valiente, que me cuidan día y noche sin demostrar cansancio o temores. Vela Santo Niño Curandero sus labores, llenándolos de amor clemente. Que nunca les falte nada en un ambiente excelente. Dales fuerza y dinamismo para que hagan bien sus labores, con tus poderes encantadores, que se vean rodeados de divinos dones.

Padre Nuestro, que estás en el cielo, santificado sea tu nombre; venga a nosotros tu reino; hágase tu voluntad, en la tierra como en el cielo. Danos hoy nuestro pan de cada día; perdona nuestras ofensas, como también nosotros

perdonamos a los que nos ofenden; no nos dejes caer en la tentación, y líbranos del mal. Amén.

Dios te salve, María, llena eres de gracia, el Señor es contigo. Bendita tú eres entre todas las mujeres, y bendito es el fruto de tu vientre: Jesús. Santa María, Madre de Dios, ruega por nosotros, pecadores, ahora y en la hora de nuestra muerte. Amén.

Gloria al Padre, al Hijo y al Espíritu Santo. Como era en el principio, ahora y siempre, por los siglos de los siglos. Amén.

DÍA NOVENO

A tu mejor amigo sus hijos cuidaste y de ayudar nunca te quejaste. Yo también me preocupo por mis seres queridos y deseo que sean por ti favorecidos. Santo Niño que a tantos ayudaste, protégelos con tus remedios que inventaste, usa tu divina pomada y estén por ti protegidos, apóyalos para que tengan paz aún cuando estén dormidos. Esta novena vengo a ofrendarte, porque a mí también ayudaste. Da alegría a sus corazones y fortaleza como la que tú heredaste. Estoy seguro que por esto vivirán agradecidos. Santificado seas Niño Fidencio por todo lo que lograste.

Padre Nuestro, que estás en el cielo, santificado sea tu nombre; venga a nosotros tu reino; hágase tu voluntad, en la tierra como en el cielo. Danos hoy nuestro pan de cada día; perdona nuestras ofensas, como también nosotros perdonamos a los que nos ofenden; no nos dejes caer en la tentación, y líbranos del mal. Amén.

Dios te salve, María, llena eres de gracia, el Señor es contigo. Bendita tú eres entre todas las mujeres, y bendito es el fruto de tu vientre: Jesús. Santa María, Madre de Dios, ruega por nosotros, pecadores, ahora y en la hora de nuestra muerte. Amén.

Gloria al Padre, al Hijo y al Espíritu Santo. Como era en el principio, ahora y siempre, por los siglos de los siglos. Amén.

ORACIÓN FINAL

Fidencio por siempre Niño, sin barba y voz de infante, pero siempre tan fragante. Con frutas milagrosas alivias al instante. Esta novena es para ti Divino Curandero, que salvaste vidas sin importarte el dinero. Hoy por mi te pido con tus masajes dejes mi cuerpo rebosante y en movimiento constante. Cuida a mi familia, a mi doctor y enfermero. En alabarte yo seré el primero. Nunca dejes de escuchar mis ruegos querido Vigilante, porque la salud para todos es importante, tu remedio santo yo espero.

Padre Nuestro, que estás en el cielo, santificado sea tu nombre; venga a nosotros tu reino; hágase tu voluntad, en la tierra como en el cielo. Danos hoy nuestro pan de cada día; perdona nuestras ofensas, como también nosotros

perdonamos a los que nos ofenden; no nos dejes caer en la tentación, y líbranos del mal. Amén.

Dios te salve, María, llena eres de gracia, el Señor es contigo. Bendita tú eres entre todas las mujeres, y bendito es el fruto de tu vientre: Jesús. Santa María, Madre de Dios, ruega por nosotros, pecadores, ahora y en la hora de nuestra muerte. Amén.

Gloria al Padre, al Hijo y al Espíritu Santo. Como era en el principio, ahora y siempre, por los siglos de los siglos. Amén.

Papá Dios: que tu sabiduría nos guíe; que tu luz ilumine nuestro camino; que tu amor nos de paz; que tu poder nos proteja, y que por donde quiera que caminemos, tu presencia nos acompañe. Gracias Papá Dios que ya nos oíste. Amén.

www.ingramcontent.com/pod-product-compliance
Lightning Source LLC
Chambersburg PA
CBHW050108170426
42811CB00119B/336